Wander- und Schmankerlführer

AMMERSEE
und Umgebung

Die 10 schönsten Rundwanderwege

compact verlag

VORWORT

Dieser **WANDER- UND SCHMANKERLFÜHRER »AMMERSEE«** ist in enger Zusammenarbeit zwischen der **Molkerei Alois Müller** und dem **Compact Verlag** entstanden.

Entdecken Sie auf **10 Wanderungen** die schönsten Ecken rund um den **Ammersee**. Unterwegs warten viele **Sehenswürdigkeiten, Aussichtspunkte, Familienattraktionen** und **Schmankerloasen** auf Sie. Abbildungen von Tieren und Pflanzen am Wegesrand, Natur- und Umwelttips machen dieses Buch gleichzeitig zum kleinen **Naturkunde-Führer** mit vielen nützlichen Informationen.

Und damit Ihnen unterwegs die Kräfte nicht versagen, packen Sie am besten gleich ein paar Produkte von den **Müllers aus Aretsried** in den Rucksack. Die halten fit und stehen für Qualität, Geschmack, Frische und Gesundheit.

Frei nach dem Motto: **»Das Wandern ist des müller 's Lust«** wünschen wir Ihnen unterwegs nun viel Spaß!

müller

compact verlag

INHALTSVERZEICHNIS

Brotzeitoasen

Sehenswürdigkeiten, Aussichtspunkte

Attraktionen

Bademöglichkeiten

Schiffs- bzw. Dampferfahrten

DAS WANDERN IST DES müller's LUST

Naturverbundenheit, einen Rucksack, Wanderschuhe und passende Kleidung – mehr braucht man für einen oder mehrere erholsame Tage in freier Natur nicht. Wandern ist ein idealer und beliebter Ausgleich zum streßgeprägten Alltag. Beliebt, weil die ganze Familie dabei sein kann – je nach Wanderroute. Hat man sich aus unserem Wanderführer die Route ausgewählt, wird der Rucksack gepackt:

Beim Wandern kommt es auf die Ausdauer an. Kohlenhydrate sorgen dafür, daß der Körper nicht so schnell ermüdet. Je länger die Wanderung dauert, desto wichtiger sind Brotzeiten mit Vollkornbrot und Obst. Aber auch Milchreis gehört dazu.

Komplexe Kohlenhydrate sind vor allem in Reis enthalten und zählen zu den besten Energie-Quellen. Sie werden langsam zu Traubenzucker abgebaut, der anschließend ins Blut übergeht. Der Körper bekommt die Energie also in kleinen Schüben geliefert. Der Blutzuckerspiegel bleibt über längere Zeit konstant und damit auch die Leistungsfähigkeit.

Vergessen Sie nicht, sich etwas zu Trinken in den Rucksack zu packen. R'activ ist ein idealer »Wanderbegleiter«. Vitamine, Traubenzucker und Mineralien spenden frische Energie, und Coffein wirkt belebend. Für Kinder empfehlen wir unseren Multivitamin-Drink.

DAS WANDERN IST DES müller's LUST

Beim Wandern kommt man ganz schön ins Schwitzen. Dieser Flüssigkeits- und Mineralstoffverlust muß unbedingt wieder ausgeglichen werden; sonst leidet die Kondition. R'activ schmeckt gut und gibt dem Körper die ausgeschwitzten Mineralien zurück.

Milchprodukte zählen zu den wichtigsten Nahrungsmitteln. Sie tragen zur Bedarfsdeckung von Eiweiß, Vitaminen und Mineralstoffen, insbesondere Calcium, bei. Bei Erwachsenen deckt zum Beispiel ½ l Vollmilch oder Reine Buttermilch den Tagesbedarf an Calcium zu über 60 %. Dieser Mineralstoff ist für die Knochenstabilität entscheidend und somit auch für den Wanderer enorm wichtig.

Doch auch der Knusper-Joghurt von MÜLLER hat es in sich! Tierisches Eiweiß wird vom Körper besser aufgenommen als Eiweiß aus pflanzlichen Lebensmitteln. Durch bestimmte Kombinationen kann die sogenannte Eiweißqualität noch optimiert werden. Der Joghurt mit den zwei Ecken, einmal Knuspriges aus Getreide, einmal Joghurt mit wertvollem Milcheiweiß, ist dafür bestes Beispiel.

Damit der Wandertag ein Erfolg auf der ganzen Linie wird, ist ein ausgewogenes Frühstück mit Vollkornbrot, Obst und Milchprodukten enorm wichtig. Packen Sie sich fürs zweite Frühstück Obst oder Milchreis ein, und los geht's.

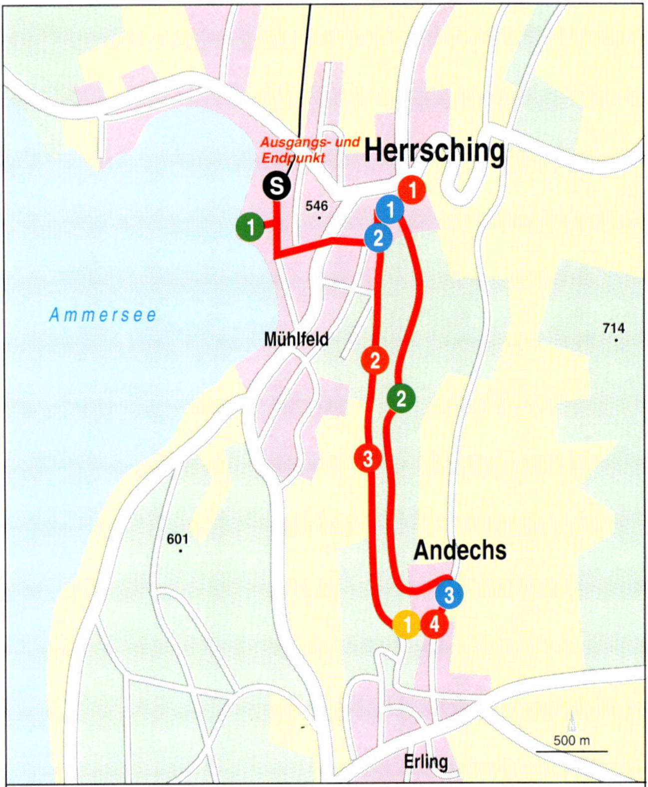

Sehenswürdigkeiten

1. Pfarrkirche St. Martin
2. Säule Patrona Bavariae
3. Kloster Andechs

Attraktionen

1. Bademöglichkeit
2. Kienbachtal

Aussichtspunkte

1. Seeblick
2. Blick auf Andechs und Alpen
3. Kiental-Blick
4. Rundblick

Brotzeitoasen

1. Klostergasthof und -bräustüberl

VON HERRSCHING ZUM HEILIGEN BERG

Verkehrsanbindung: mit der S-Bahn von München (Linie 5) nach Herrsching; mit dem Auto auf der BAB 96 (München–Lindau) über die Ausfahrt Oberpfaffenhofen in Richtung Weßling, weiter zum Ammersee, Parkmöglichkeiten im Ortsbereich und am Bahnhofsplatz.

Weglänge: etwa 12 km, Gehzeit etwa 3 Std., Höhenunterschied etwa 200 m.

Schwierigkeitsgrad: leicht, auch für kleinere Kinder geeignet.

Sehenswürdigkeiten: Kirche St. Martin in Herrsching, Säule Patrona Bavariae, Kloster Andechs.

Attraktionen: Bademöglichkeit, Kurpark in Herrsching, schöne Aussichtspunkte, reizvolle Naturlandschaft im Kienbachtal.

Brotzeitoasen: Klosterbräustüberl in Andechs.

Ammersee

Von Herrsching aus gibt es Schiffsverbindungen rund um den Ammersee.

Bademöglichkeiten am Ostufer des Ammersees.

Ausgangspunkt der Wanderung ist das **Fremdenverkehrsbüro gegenüber der S-Bahnstation**. Rechts davon liegt der Andechser Hof, vor dem Sie links in die Fischergasse einbiegen und zum Kienbach weiterwandern. In der Kienbachstraße Nummer 8 können Sie ein Gebäude im altherrschinger Landhausstil aus der späten Gründerzeit bewundern. Weiter folgen Sie der Straße bis zu einer Bäckerei und gehen dann rechts durch den Biergarten des Gasthofs zur Post.

Badeparadies Ammersee

Bereits nach etwa 50 m schon haben Sie einen schönen Blick auf die **Pfarrkirche St. Martin** von **Herrsching**, die auf einem Hügel liegt. Links am Fuß der Hochtreppe, die hinauf zur Kirche führt, steht eine Säule mit der **Patrona Bavariae**. Bei der Kirche befindet

Pfarrkirche St. Martin, Herrsching, spätgotischer Bau, im Innern barockisiert.

Kurpark-Schlößl in Herrsching

Im Kurpark von Herrsching steht das reizvolle »Schlößl«, die ehemalige Villa Scheuermann aus dem Jahr 1888.

sich ein kleiner **Friedhof**, auf dem bajuwarische Gräberfunde gemacht wurden. Von hier oben aus bietet sich bei guter Sicht ein wunderbarer **Blick** weit über den Ort und den See. Schon im Jahre 755 stand hier die erste Kirche; 1248 erfolgte der Wiederaufbau auf Weisung des Klosters Benediktbeuern.

Vom Hügel der St.-Martins-Kirche können Sie einen weiten Blick über Herrsching und Ammersee genießen.

Von der Kirche aus führt der Weg am reizvollen Haus Prinzenhöhe 1 vorbei und weiter in Richtung Leitenhöhe.

Sie passieren eine mächtige Eiche und wandern dann hügelauf durch eine Fichtenschonung. An der nächsten Weggabelung halten Sie sich links und folgen dem Hinweisschild »Andechs 3 km«. Der Weg ist weiter gekennzeichnet durch eine Dreiecksmarkierung mit Kreis.

Durch abwechslungsreichen Mischwald mit Buchen spazieren Sie am Höhenrücken weiter

Kloster Andechs

zum Heiligen Berg von Andechs (760 m). Auf diesem Weg begleitet Sie immer das Rauschen des **Kienbachs**.

Bald sehen Sie schon die **Andechser Klosterkirche** durch den Laubwald schimmern. Bei dem Hinweisschild »2 km bis Andechs« halten Sie sich nunmehr links. Nach ungefähr 500 m gelangen Sie zu einer schönen **Lichtung** mit einzelnen Eichen. Von hier aus bietet sich ein herrlicher **Blick** auf das **Kloster Andechs**. Bei Föhn und guter Sicht können Sie sogar die Alpenkette im Hintergrund gut sehen.

Schöner Blick auf das Kloster Andechs.

Sumpfdotterblume

Auf einem Sandweg wandern Sie durch die Lichtung und stoßen auf ein Straßennetz. Von hier aus biegen Sie am Hörndlweg links in den Wartaweiler Weg und folgen den Treppen abwärts zum **Kiental**.

Kloster Andechs mit Wallfahrtskirche. Sehenswert sind noch die Seitenkapellen und die Kerzensammlung.

Wählen Sie nun nicht rechts den Treppenaufstieg zum Seefelder Hof, sondern begehen Sie den schönen Hangweg, der Sie weiter in Richtung Klosterkirche führt. Dabei passieren Sie ein Erinnerungskreuz aus dem Jahr 1948. Von hier aus bietet sich eine schöne Aussicht auf den Ort Erling und auf die Kirche. Vorbei an den schmiedeeisernen Kreuzreliquien »Baum des Lebens« und »Dornenkrone«, die bereits ein Hinweis auf den Dornenzweig in der Schatzkammer des Klosters sind, bleiben nur wenige Meter bis zur **Wallfahrtskirche Andechs**.

Andechser Sonnenuhr an der Klosterkirche.

Der heutige eindrucksvolle Klosterbau entstand 1669 nach einem verheerenden Brand der alten Kirche, die als Wallfahrtsstätte schon seit 1128 bekannt war. In der Klosterkirche finden Sie ein sehenswertes **spätgotisches Gnadenbild** der Madonna mit dem Jesuskind und eine reichhaltige **Votivkerzensammlung**. In der Seitenkapelle befindet sich die **Grabplatte** des Komponisten **Carl Orff** (1895–1982).

Klosterbräustüberl Andechs, tgl. von 10–21 Uhr, Tel. 08152/3760.

Durch den Seiteneingang gehen Sie zum Innenhof vorbei am Klosterladen und hinunter zum **Klosterbräustüberl**, das eines der bekanntesten Ausflugsziele im Voralpenland ist. Besonders beliebt ist die große Terrasse. Die Spezialität des Hauses ist das dunkle Bockbier und der Romadur.

Ein besonderes Schmankerl in der kälteren Jahreszeit gibt es am Dienstag: die Schlachtschüssel. Von der seitwärts liegenden oberen **Sommerterrasse** bietet sich bei klarer Sicht ein wunderschöner **Rundblick** über das Land zwischen Ammer- und Starnberger See.

Vom Kloster Andechs und von der Sommerterrasse aus können Sie einen Rundblick über das Land zwischen Ammer- und Starnberger See genießen.

Der Rundwanderweg führt nach einer ausgiebigen Rast und Brotzeit wieder an der Klosterkirche vorbei. Zunächst beschreiten Sie

Sommerterrasse Kloster Andechs

ein Stück den gleichen Weg, der hinab zur verfallenen Mühle führt. Dort wenden Sie sich allerdings nun rechts und wandern durch das schattige Kiental hinunter und wieder zurück nach Herrsching.

Entlang dem Kienbach können Sie noch seltenen Pflanzen und Vögeln, Schmetterlingen und Libellen begegnen.

Dieser gut markierte und beliebte Weg entlang des Kienbachs mit vielen seltenen Wasserpflanzen ist seitlich von Hängen mit Nagelfluhfelsen begrenzt. **Achtung:** Verlassen Sie den Weg nicht und besteigen Sie auf keinen Fall auf eigene Faust den Hang, es besteht sehr schnell eine Absturzgefahr.

Die Wanderung durch den schönen Laubwald ist besonders reizvoll im Herbst, wenn sich die Blätter färben. Am Ende des Taleinschnitts sehen Sie links auf der Höhe bereits die Martinskirche von Herrsching und bald schon haben Sie den Endpunkt der Wanderung, den Herrschinger Bahnhof, erreicht.

Bleiben Sie auf Ihrem markierten Weg; betrachten und erfreuen Sie sich von hier aus an diesem schönen und noch ursprünglichen Fleckchen Natur.

Sehenswürdigkeiten

1 Hartkapelle
2 Kirche St. Laurentius
3 Kirche St. Veit

Attraktionen

1 Landschaftsschutzgebiet
2 Hartschimmelhof mit Gestüt
3 Hochschloß-Weiher
4 Bademöglichkeit

Aussichtspunkte

1 Rundblick
2 Hirschbergalm

Brotzeitoasen

1 Gasthaus zur alten Post
2 Gasthof zur Post

RUNDWANDERWEG ÜBER DIE HIRSCHBERGALM

Verkehrsanbindung: mit der S-Bahn von München (Linie 5) nach Herrsching und mit Zubringerbus nach Erling; mit dem Auto auf der BAB 96 München–Lindau, Ausfahrt Oberpfaffenhofen nach Herrsching, weiter bis Erling, Parkmöglichkeit etwa 200 m von der Straßenabzweigung nach Fischen/Weilheim.

Weglänge: etwa 15 km, Gehzeit etwa 5 Std., Höhenunterschied etwa 300 m (von Pähl zur Hirschbergalm steilerer Anstieg).

Schwierigkeitsgrad: leicht, für Kinder ab 8 Jahren geeignet.

Sehenswürdigkeiten: Hartkapelle, Kirche St. Laurentius in Pähl, Dorfkirche St. Veit in Erling.

Attraktionen: Landschaftsschutzgebiet, Hartschimmelhof mit Pferdegestüt, Hochschloß-Weiher, Alpenblick, Bademöglichkeit.

Brotzeitoasen: Gasthaus zur alten Post in Pähl, Gasthof zur Post in Erling.

Gestüt Hartschimmelhof

Pferdekoppel

Wer sich für Reitmöglichkeiten interessiert, kann den Reit- und Fahrverein Ammersee e.V. anrufen, Tel. 08807/7983.

Bei der Anfahrt mit dem Auto können Sie den Wagen – wie oben in der Kurzcharakteristik angegeben – auf dem Parkplatz an der Straße in Richtung Fischen kurz nach Erling abstellen. **Ausgangspunkt** dieser Wanderung ist der erwähnte **Parkplatz** außerhalb **Erlings**. Folgen Sie von hier aus links der Fischacherstraße etwa 500 m bis zu einer Eichengruppe, an der ein Referenzsender zu Raisting steht. Hier nehmen Sie den Höhenweg, der später – etwa in Höhe der Hartkapelle – Teil des König-Ludwig-Wegs ist.

Stiel-Eiche

Blick auf den Ammersee

Lassen Sie Blumen am Wegesrand blühen und stehen. Die Natur und Mitwanderer danken es Ihnen.

Zunächst aber wandern Sie auf dem gutmarkierten Höhenweg durch ein **Landschaftsschutzgebiet**, von dem aus sich immer wieder schöne **Ausblicke** auf das Gebirge und den Ammersee bieten. Am Wegesrand stoßen Sie auf einen **Gedenkstein** für Karl und Martha Haushofer, die bereits in den 40er Jahren viel zur Landschaftserhaltung rund um den Hartschimmelhof beigetragen haben. Rechts von diesem Gedenkstein können Sie sehr alte, weitverzweigte Buchen bewundern, die im Herbst besonders farbenprächtig leuchten.

Buchen im Herbst

Nach einer etwa 45 Minuten langen Wanderung durch Buchen-, Fichten- und Birkenwälder gelangen Sie zu einer Weggabelung, an der Sie jetzt dem Weg mit dem gelben Pfeil folgen. Sie wandern nun in Richtung Pähl weiter.

Blick auf Pähl

Hier in den Ausläufern des Kerschlacher Forstes steht einsam die kleine **Hartkapelle**. Sie erinnert an den Pfarrer Balthasar Fischer aus Pähl, der 1653 auf dem Weg von Andechs hier einem Mordanschlag zum Opfer fiel. Auf einer Marmortafel können Sie die Inschrift lesen: »Hier fand Moritz von Schwind seine Waldkapelle«. Der Maler Moritz von Schwind (1804–1871) ließ sich hier für sein Gemälde »Der Einsiedler« inspirieren.

Daß Sie auf Ihrer Wanderung die Natur schützen und bei einer Brotzeit keinen Abfall zurücklassen, versteht sich von selbst.

Wegkreuz am Hochwald.

Der Weg führt nun weiter durch **Hochmoorgelände**, auf der rechten Seite immer begleitet von einem Bachlauf. Angekommen am **Hochwald**, können Sie ein interessantes **Wegkreuz** mit Christusfigur und Madonna aus dem Jahr 1917 von Paul Führmann sehen.

Schlüsselblume

Von diesem Hochwald zweigt rechts ein Waldweg zum **Hartschimmelhof** ab. Ein Ab-

Ein Abstecher zu dem etwas abseits gelegenen Hartschimmelhof lohnt sich für Pferdefreunde. Reitmöglichkeiten für Kinder leider nicht gegeben.

stecher dorthin lohnt sich für alle Pferdeliebhaber, denn dort treffen Sie noch ein einsames Pferdeparadies an. Reitmöglichkeiten für Kinder gibt es leider nicht.

Bademöglichkeit im Hochschloß-Weiher.

Zurück auf Ihrem Routenweg folgen Sie der Markierung nach Pähl, überqueren dann auf einer kleinen Brücke einen Bach und sehen gleich darauf den **Hochschloß-Weiher**. An diesem Moorsee können Sie im Sommer ein erfrischendes Bad nehmen und sich etwas Ruhe und Zeit gönnen. Bänke am See laden zu einer Brotzeit- und Verschnaufpause ein.

Burg in Pähl

Nach dieser Rast verlassen Sie den See nach rechts, wandern dann links über eine kleine Brücke und folgen dem Waldweg aufwärts. Nach etwa 300 m bietet sich ein freier **Blick auf Pähl** mit seiner Zwiebelturmkirche. Der Weg verläuft weiter rechts, unten am Hang, dem Sie in Richtung Süden nach **Pähl** folgen.

Pfarrkirche St. Laurentius in Pähl.

Oberhalb des Orts hatten die Andechser Grafen eine **Burg**, die 1895 im neugotischen Stil wieder erbaut wurde, jedoch nicht zu besichtigen ist. Der berühmte dreiflügelige **Pähler Altar** der einstigen Burgkapelle steht heute im Bayerischen Nationalmuseum in München, eine Kopie steht in der Pähler **Pfarrkirche St. Laurentius**. Diese Kirche sollten Sie sich auf alle Fälle ansehen, mit ihrer von Joseph Schmuzer (1683–1752) geschaffenen Ausstattung.

Gasthof zur alten Post, Pähl, tgl. von 12.30–14 Uhr (Brotzeit), 18–21 Uhr (Warme Küche), Tel. 08808/594.

Von der Hirschbergalm bietet sich ein herrlicher Rundblick.

Wer jetzt schon etwas müde ist, kann sich bereits im **Gasthaus zur alten Post** in **Pähl** stärken.

Wer noch etwas Kraft und Wanderlust besitzt, nimmt den Aufstieg vom Ortsrand westlich hinauf zur Olympiastraße auf sich und wandert zur **Hirschbergalm**. Der Abstecher lohnt sich, denn von hier oben haben Sie ei-

Trachtengruppe

nen herrlichen Rundblick. Bei klarer Sicht reicht der Fernblick bis zu 120 km: Sie überblicken das ganze Ammerland, Weilheim und Teile des Pfaffenwinkels. Legen Sie hier eine Verschnaufpause ein und packen Sie Ihre mitgebrachte Brotzeit aus.

Achten Sie darauf, daß Sie keine Spuren hinterlassen. Stecken Sie leere Flaschen, Dosen, Papier- und Brotzeittüten wieder ein und entsorgen Sie alles zuhause. Die Natur und die Mitwanderer danken es Ihnen.

Gestärkt wandern Sie nun an der **Schloß-Schlucht** vorbei, gehen am Dorfrand von Pähl wieder nach Norden in Richtung Hochschloß-Weiher. Halten Sie sich jetzt etwas rechts, um nördlich von der Hartkapelle wieder auf den König-Ludwig-Weg zu stoßen, der Sie durch abwechslungsreiches Wald- und Wiesengelände führt.

Der weitere Weg zurück nach Erling ist gut beschildert. In **Erling** können Kunstinteressierte zum Abschluß der Wanderung noch die **Kirche St. Veit** aufsuchen.

Sehenswürdigkeiten

1. Kirche St. Pankratius
2. Kirche St. Jakob
3. Andechser Kreuzweg
4. Kloster Andechs

Attraktionen

1. Kinderspielplatz
2. Max-Planck-Institut
3. Andechser Lehrwanderweg

Aussichtspunkte

1. Rundblick

Brotzeitoasen

1. Stiefelwirt
2. Klosterbräustüberl

ANDECHSER WANDERWEG: VON ANDECHS NACH SEEWIESEN

Verkehrsanbindung: mit dem Auto zum Großparkplatz Andechs; mit dem Zubringerbus vom S-Bahnhof Herrsching (Linie 5 von München) zum Parkplatz Andechs.

Weglänge: etwa 11 km, Gehzeit etwa 3 1/2 Std., Höhenunterschied gering, da vorwiegend flache Strecke.

Schwierigkeitsgrad: leicht, für Kinder ab 6 Jahren geeignet.

Sehenswürdigkeiten: Kirche St. Pankratius in Frieding, Kirche St. Jakob in Landstetten, Andechser Kreuzweg, Kloster Andechs mit Schatzkammer.

Attraktionen: Kinderspielplatz in Frieding, Max-Planck-Institut in Seewiesen, Andechser Lehrwanderweg.

Brotzeitoasen: Klosterbräustüberl in Andechs, Stiefelwirt in Frieding.

Biergarten im Fünfseenland

Sonnenuhr an der Fassade von St. Jakob in Landstetten

Wer mit dem Auto anreist, findet Parkmöglichkeiten auf dem **Großparkplatz Andechs**. Wanderer ohne Auto können den Zubringerbus vom S-Bahnhof Herrsching benutzen. Vom Parkplatz aus gehen Sie in nordöstlicher Richtung auf einer schmalen Teerstraße bis zur nächsten Scheune. Hier finden Sie ein Hinweisschild »Andechser Wanderweg Nr. 7« sowie Informationen über die einheimische Landwirtschaft.

Am Wegesrand stoßen Sie auf ein neueres Holzkreuz und ein Schild »Königlich bayerische Radtour« (Rad mit Krone). Sie folgen jedoch für diese Wanderroute dem ausgeschilderten Weg nach links, vorbei an einem Tümpel, passieren nach etwa 500 m einen mit Lärchen bewaldeten Hügel und spazieren weiter an den Feldern entlang. Der Weg führt Sie direkt zum Ort **Frieding**, wo sich dem bereits hungrigen Wanderer eine Einkehrmöglichkeit beim **Stiefelwirt** am Ortsausgang von Frieding bietet. Das Gasthaus besitzt eine reiche Speisekarte mit bayerischen Spezialitäten. Besonders zu empfehlen sind die »Hax'n«.

Stiefelwirt, Frieding, tgl. von 8–14 und 17–24 Uhr, Mo. geschl., Tel. 08152/6093

Im Ort selbst steht die **Pfarrkirche St. Pankratius** mit einem Turm aus dem 14. Jh. Außerdem gibt es einen **Kinderspielplatz**, an dem sich vor allem Familien mit kleineren Kindern gut zu Rast und Spiel einfinden können.

Kirche St. Pankratius, Frieding.

Schöner Kinderspielplatz in Frieding.

Wenn Sie Frieding wieder verlassen und Ihre Wanderung fortsetzen möchten, gehen Sie zum südöstlichen Ortsrand. Hier treffen Sie bei einer Holzhütte erneut auf den Weg mit dem Radtourzeichen (Rad mit Krone). Sie biegen dort rechts ab und schlagen den Weg spitzwinkelig nach Süden ein. Für eine Strecke von etwa 800 m sind der Wander- und Radweg identisch.

Die Wanderung führt Sie nun weiter durch den **Rothenfelder Forst**. Am Kreuz-Geräumt gehen Sie nach Osten und stoßen auf die Straße Erling/Perchting, der Sie bis **Landstetten** folgen. Der Ort liegt malerisch, mit Pferdekoppeln umgeben, vor Ihnen. Im Ortszentrum sollten Sie die **Kirche St. Jakob** besuchen. Besonders sehenswert sind hier das Deckengemälde und an der südlichen Außenmauer eine Madonna mit Jesuskind als **Sonnenuhr**. Der Rückweg führt über den **Eßsee** und **Seewiesen**, wo sich das **Max-Planck-Institut** befindet, bekannt geworden durch den Biologen und Verhaltensforscher Konrad Lorenz (1903–1989).

Kirche St. Jakob in Landstetten, an der Fassade befindet sich eine Sonnenuhr.

Max-Planck-Institut in Seewiesen.

Südlich von Seewiesen stoßen Sie auf den gut beschilderten König-Ludwig-Weg, der

Kloster Andechs im Frühling

Sie nach Westen, an Rothenfeld vorbei, zur **Friedenskapelle** führt.
Ab hier beginnt dann der bekannte **Andechser Kreuzweg**. Bei jeder Station des Leidens Christi haben Sie einen schönen **Ausblick** auf das den Heiligen Berg (760 m) krönende **Kloster**. Dieser Wegabschnitt ist zugleich Teil eines einstündigen **Andechser Lehrwanderwegs**, der mit einer Reihe von Schautafeln die **heimische Fauna** und **Flora** erläutert. Zum Schluß sollten Sie im Klosterbräustüberl Andechs einkehren.

Wer die Vögel und Pflanzen des Voralpenlands kennenlernen will und an historischen und geologischen Einzelheiten interessiert ist, kann hier noch eine zusätzliche Runde drehen.
In einer weiten Schleife bringt Sie dieser gut markierte Weg zum Ausgangspunkt, dem Großparkplatz Andechs, zurück.

Schöner Ausblick vom Andechser Lehrwanderweg.

Andechser Lehrwanderweg mit Schautafeln zu heimischer Flora und Fauna.

Klosterbräustüberl in Andechs, tgl. von 10–21 Uhr, Tel. 08152/3760.

Sehenswürdigkeiten

1. Kreisheimatstuben
2. Kapelle St. Alban
3. Kapelle St. Anna
4. Klosterkirche St. Mariä

Attraktionen

1. Erholungs- und Badegelände
2. Kinderspielplatz
3. Haus Sieben Eichen
4. Naturschutzgebiet Seeholz

Aussichtspunkte

1. Alpenblick
2. Fernblick

Brotzeitoasen

1. Gasthof Alte Villa
2. Wittelsbacher Hof
3. Alte Post

SEEUFERWEG: VON STEGEN BIS DIESSEN

Verkehrsanbindung: mit der S-Bahn von München (Linie 5) nach Weßling, von dort mit dem MVV-Bus 952 oder dem RVO-Bus Landsberg–Inning nach Stegen; mit dem Auto auf der BAB 96 München–Lindau, Ausfahrt B 12 nach Stegen, Parkmöglichkeiten in Stegen am Dampfersteg, Rückfahrt mit dem Schiff.

Weglänge: etwa 16 1/2 km, Teilstrecken sind je nach Wahl der Bahnstation oder mit Schiff möglich (s. Karte, S. 22), Gehzeit etwa 5 Std., kein Höhenunterschied.

Schwierigkeitsgrad: leicht, jedoch Ausdauer erforderlich, für Kinder ab 10 Jahren geeignet.

Sehenswürdigkeiten: Kreisheimatstuben in Riederau, Kapelle in St. Alban, Kapelle St. Anna bei Romenthal, Klosterkirche St. Mariä in Dießen.

Attraktionen: Rückfahrt mit dem alten Raddampfer »Dießen«, schönes Erholungsgebiet und Badegelände zwischen Stegen und Schondorf, Jazzfrühschoppen in der Alten Villa in Utting.

Brotzeitoasen: Alte Villa mit Biergarten in Utting, Wittelsbacher Hof in Utting, Alte Post in Dießen.

Biergarten in Utting

Badegelände bei Utting

Schönes Erholungs- und Badegelände zwischen Stegen und Schondorf.

Von Stegen aus gibt es Schiffsverbindungen rund um den See.

Ausgangspunkt dieser Wanderung ist der Parkplatz am **Dampfersteg in Stegen**. Diese längere Route können Sie je nach Kondition in fußfreundliche Abschnitte aufteilen oder in Teilstrecken per Bahn oder Schiff zurücklegen.

Der Weg ist leider nicht immer gut markiert, aber grundsätzlich führt er am See entlang, auch wenn zeitweise Ufergrundstücke den Seezugang oder -blick etwas einschränken.

Dampferanlegestelle Stegen

Erholungs- und Badegelände Weingarten.

Nach der Amperbrücke in Stegen halten Sie sich links. Danach führt ein Wiesenweg mit herrlichem **Ausblick** auf die Alpen über die Kaagangerstraße zum **Erholungs- und Badegelände Weingarten.**

See-Freibad Schondorf.

Vor **Schondorf** läuft der Weg etwas landeinwärts am Wald entlang. Bei der ersten Querstraße gehen Sie dann links hinunter zum **See-Freibad**. Wer jetzt schon eine Rast einlegen oder an einem schönen Sommertag baden will, kann das hier tun. Von hier aus bietet sich auch eine **Schiffsverbindung** zur anderen Uferseite an.

Mündungsgebiet des Hottenbachs, südlich von Schondorf, reizvolle Schilf- und Naturlandschaft.

Für die weitere Wanderung folgen Sie unten am Dampfersteg der Beschilderung nach Utting. Am südlichen Ortsrand von Schondorf, zum **Mündungsgebiet des Hottenbachs**, stoßen Sie auf einen unberührten **Schilfgürtel**. Hier können Sie noch verschiedene Libellen- und Schmetterlingsarten beobachten. Im Frühjahr brüten dort auch noch weniger bekannte Wasservögel. Bleiben Sie deshalb auf Ihrem Weg und betrachten Sie von hier aus die Landschaft und Natur.

Alte Villa, Utting, Mai–Aug. tgl. von 11–23 Uhr, Sept.–April Mo. geschl., Tel. 08806/617.

Bald darauf sehen Sie schon die ersten Häuser von **Utting** mit dem Zwiebelturm von St. **Leonhard.** Dort befindet sich auch ein schönes **Badegelände**. Legen Sie hier eine Verschnaufpause ein. Falls Sie bereits der Hunger oder Durst plagt, können Sie im Gasthaus **Alte Villa**, im Sommer mit **Biergarten**, einkehren. Eine besondere Attraktion der Alten Villa in Utting: am **Sonntagvormittag** findet dort ein **Jazzfrühschoppen** statt.

Kinderspielplatz beim Biergarten

Für Ihre weitere Wanderung überqueren Sie den Mühlbach und kommen zur Schiffsanlegestelle von Utting, die nicht weit entfernt vom Bahnhof liegt. Dort bietet sich eine wei-

Biergarten bei der Alten Villa in Utting-

tere Einkehrmöglichkeit im **Wittelsbacher Hof**, so Sie süffiges Bier vom Faß schätzen. Von hier ab können Sie eine erste Teilstrecke mit Bahn oder Schiff zurücklegen.

Wittelsbacher Hof, Utting, tgl. von 9–24 Uhr, Mi. geschl., Tel. 08806/92040.

Wer noch gut zu Fuß ist, setzt seine Wanderung fort und geht über den Uferweg zur Eduard-Thöny-Straße, vorbei am Segelclub. Bald schon stoßen Sie auf eine Bahnlinie, vor der Sie links bei dem Hinweisschild »Riederau/Dießen« abbiegen. Weiter auf Ihrer Route passieren Sie den Polizei-Motorsport-Club und beschreiten nach etwa 150 m links den Gasteiger Weg. Rechts sehen Sie das reizvoll gelegene **Haus Sieben Eichen**. Der Weg führt Sie südwärts weiter an der eingleisigen Bahnstrecke entlang. Nach etwa 300 m überqueren Sie einen kleinen Bach. Hier beginnt das **Naturschutzgebiet Seeholz**, das Sie auf etwa 1 km durchwandern.

Haus Sieben Eichen.

Blick auf den Ammersee

Auch für dieses Biotop gilt: Verlassen Sie den Wanderweg nicht, um die Natur und die Tierwelt zu schonen!

Zahlreiche Bächlein durchziehen den urtümlichen Laubwald, und kurz vor Riederau führt der Weg noch durch herrliche Schilfzonen.

Über den Seeweg gelangen Sie zur Ortsmitte von **Riederau**, zum **Bahnhof** und zum **Dampfersteg**. Von hier bietet sich erneut die Möglichkeit, ein Stück des Wegs mit der Bahn oder mit dem Schiff zurücklegen und am nächsten Anknüpfungspunkt (siehe Karte) die Wanderung wieder aufzunehmen.

Vom Ort St. Alban aus bietet sich ein schöner Blick über den See und auf Kloster Andechs.

Nach Riederau verläuft der Wanderweg weiter an der Bahnlinie entlang nach **St. Alban**. Von diesem Ort, direkt am Wasser gelegen, haben Sie einen schönen **Fernblick** über den See und hinüber zum Kloster Andechs.

Die Dießener Gräfin Kunissa soll um das Jahr 1000 die **Wallfahrtskapelle St. Alban** auf

Bauernhaus mit Lüftlmalerei in Holzhausen

den Resten einer alten Burgmauer errichtet haben lassen. Von hier aus fuhren – so erzählt es die Legende – die Wallfahrer aus dem Schwäbischen mit dem Schiff hinüber nach Wartaweil, um auf den Heiligen Berg zu pilgern. Der malerisch am See gelegene **Kirchenbau** von **St. Alban** entstand ursprünglich 1480; er wurde zwischen 1736 und 1739 mit reizvoller Rokokoausstattung versehen.

Kapelle St. Alban, sehenswerte Rokokoausstattung.

St. Alban

Jetzt ist es nach **Dießen** nicht mehr allzu weit. Und wer noch sehr bei Kräften ist, kann auch etwas landeinwärts, einfach der Beschilderung folgend, zum **Gut Romenthal** westlich der Hauptstraße pilgern. Dort schuf der Künstler Johann Michael Fischer 1757 die **Rokokokapelle St. Anna**.

Kapelle St. Anna in Romenthal.

Das Meisterwerk dieses Künstlers aber erwartet Sie in der **Stiftskirche St. Mariä Himmelfahrt**, auch Marienmünster genannt, in

Mariä Himmelfahrt in Dießen

Stiftskirche Mariä Himmelfahrt, Dießen.

Dießen. Sie wurde in den Jahren 1732 bis 1739 durch den Barockbaumeister J. M. Fischer errichtet. Hier finden Sie 28 Heilige und Selige aus dem berühmten Grafengeschlecht von Dießen-Andechs-Meranien. Der Maler Johann Georg Bergmüller hat sie als Deckenfresko in der Stiftskirche, im sogenannten Dießener Himmel, festgehalten. Aber die Kirche enthält noch einige künstlerische Höhepunkte mehr, beispielsweise den Hochaltar von François Cuvilliés, die Altargemälde der Venezianer Tiepolo und Pittoni, die Stuckdekoration von F.X. Feichtmayr und J.G. Üblhör, eine Kanzel von Johann Baptist Straub.

Kirche St. Stephan in Dießen.

Gleich neben dem Marienmünster befindet sich die **St. Stephanskirche**. Auch der Besuch dieser Kirche lohnt sich. Dieser Bau wurde vor rund 350 Jahren zur Pferdehaltung der Augustinerchorherren erbaut. Nach der Säkularisation (1803) ist er fast zur Ruine

Fischerstechen in Dießen

verkommen, zuletzt jedoch zu einer Kirche umgebaut werden. Der Baustil ist eine Mischung aus romanisch und modern.

Ein Rundgang durch den sehr reizvollen Ort Dießen, der in einer der schönsten Voralpenlandschaften und am Südwestende des Ammersees liegt, lohnt sich zu jeder Jahreszeit. Neben seinen zahlreichen sehenswerten Kirchenbauten bietet der Ort noch viele Museen und abwechselnde Ausstellungen der Arbeitsgemeinschaft **Dießener Kunst** im **Pavillon am See**. Hier können Sie Erzeugnisse des Töpferhandwerks und der Zinngießerei sowie der Hinterglasmalerei und der Goldschmiede bewundern und kaufen.

Von Dießen nach Stegen zurück gelangen Sie dann entweder mit dem Schiff oder mit der Bahn. Wer vorher noch seinen Durst oder Hunger stillen möchte, der kann in der **Alten Post** in Dießen einkehren.

Reizvolle Gasse in Dießen

Alte Post, Dießen, tgl. von 9–24 Uhr, warme Küche von 11.30–14 und 16–23 Uhr, Tel. 08807/7532.

Sehenswürdigkeiten

1 Kirche St. Anna
2 Kreisheimatstuben
3 Kirche St. Jakob

Attraktionen

1 Keltenschanze
2 Staatsgestüt Achselschwang
3 Naturschutzgebiet
4 Bademöglichkeit

Aussichtspunkte

1 Rundblick
2 Hübschenried

Brotzeitoasen

1 Gestütswirtschaft Achselschwang
2 Gasthof Ammersee

AMMERSEE-HÖHENWEG: VON SCHONDORF BIS RIEDERAU

Verkehrsanbindung: mit der S-Bahn, (Linie 5) von München nach Herrsching und mit dem Schiff nach Schondorf; mit der Bundesbahn aus Richtung Augsburg oder Weilheim bis nach Schondorf; mit dem Auto über die B 12, Abfahrt Greifenberg, weiter bis Schondorf, Parkmöglichkeiten bieten sich gleich unterhalb der Kirche St. Anna.

Weglänge: etwa 12 km, Gehzeit etwa 4 1/2 Std., Höhenunterschied etwa 500 m.

Schwierigkeitsgrad: leicht, aber Ausdauer erforderlich, für Kinder ab 10 Jahren geeignet.

Sehenswürdigkeiten: St. Anna und St. Jakob in Schondorf, Kreisheimatstuben in Riederau.

Attraktionen: Keltenschanze, Gestüt Achselschwang, Naturschutzgebiet, Bademöglichkeiten.

Brotzeitoasen: Gestütswirtschaft Achselschwang mit Biergarten, Gasthof Ammersee in Schondorf.

St. Anna in Schondorf

Von Schondorf aus gibt es Schiffsverbindungen nach Utting und Riederau.

Bademöglichkeiten am Westufer des Ammersees.

St. Anna in Schondorf, Stuckarbeiten im Chor von J. Schmuzer.

Ausgangspunkt der Wanderung ist die **Kirche St. Anna** in **Schondorf**. Parkmöglichkeiten finden Sie gleich unterhalb der Kirche. Die Kirche liegt anmutig oberhalb des Orts, und ihr weithin sichtbarer Zwiebelturm weist Ihnen den Weg vom Bahnhof dorthin.

Die Kirche wurde 1499 erbaut und zwischen 1716 und 1725 umgestaltet. Früher besaß St. Anna eine berühmte »Gewitterglocke«, datiert auf 1567, die leider eingeschmolzen wurde.

Pferdegestüt Achselschwang

Der Ammersee-Höhenweg bietet immer wieder schöne Ausblicke auf See und Landschaft.

Mehlprimeln

Den **Höhenweg,** den Sie nunmehr für Ihre Wanderung beschreiten, erschließt das Hinterland des Ammersee-Westufers und ermöglicht immer wieder herrliche **Ausblicke** weit ins Land, zum See und ins Gebirge.
Folgen Sie hierfür in südlicher Richtung der Beschilderung »Ammersee-Höhenweg«. Sie wandern auf dem gut markierten Weg nach Südwesten und erreichen nach etwa 600 m einen ersten **Aussichtspunkt**. Diese Stelle eignet sich, um eine kleine Verschnaufpause einzulegen und sich bei klarer Sicht über den weiten Blick über den See und die Alpen zu erfreuen.

Aussichtspunkt Plomberg.

Schützen Sie die Blumen, lassen Sie sie in der Natur stehen.

Nach der kleinen Rast setzen Sie Ihre Wanderung auf dem beschilderten Weg fort. Er führt Sie streckenweise durch bewaldetes Gebiet. Am Waldgebiet des **Plomberg** überqueren Sie die Verbindungsstraße Schondorf-Achselschwang.
Der weitere Weg führt durch ein Wiesengelände, in dem je nach Jahreszeit noch Blumen wie Mehlprimeln, Seidelbast oder Herbstzeitlosen blühen. Wenn Sie vom markierten Wanderweg scharf nach Westen abbiegen, gelangen Sie zur gut erhaltenen **Keltenschanze** bei Achselschwang, die Zeugnis dafür ablegt, daß in diesem Gebiet einst Kelten lebten.

Herbstzeitlose

Keltenschanze bei Achselschwang.

Wieder zurück auf Ihrem Routenweg stoßen Sie nach etwa 800 m auf das **Gestüt Achselschwang**. Dieses Gestüt ist Treffpunkt für viele Pferdefreunde. Es genießt wegen seiner herrlichen Lage internationales Ansehen.

Pferdegestüt Achselschwang.

Und während sich die Pferdeliebhaber vor Ort die Stallungen und Pferde ansehen, können müde und hungrige Wanderer in der **Gestütswirtschaft Achselschwang** einkehren. Sie bietet vor allem österreichische Schmankerl

Pferdegestüt Achselschwang

und hausgemachte Nudeln an. Die Wirtsleute unterhalten bei schönem Wetter auch einen **Biergarten**, in dem es frisches Bier vom Faß gibt.

Gestütswirtschaft Achselschwang, tgl. von 10–14 und 17–24 Uhr, Sa./So. durchgehend geöffnet, Mi. geschl., Tel. 08806/605.

Die alte Schwaige Achselschwang geht schon auf die frühe Thassilo-Zeit zurück. Später begannen hier die Chorherren von Dießen mit der Pferdezucht. 1816 richtete die bayerische Armee dort einen Militär-Fohlenhof ein, und heute sind die internationalen Military-Wettkämpfe weltbekannt.

Achselschwang

Nach einer Rast und Brotzeit können Sie Ihren Weg erneut und gestärkt fortsetzen. Folgen Sie dem beschilderten Höhenweg Richtung Reichhof und überqueren dort die Straße Utting-Oberfinning. Bald führt Sie der Weg durch ein ausgedehntes Waldgebiet, das im Hochsommer erfrischende Kühle bietet. Im Frühling ist

Naturschutzgebiet Dettenhofer Filz/Hälse.

Halten Sie auch Ihre Kinder dazu an, den geschützten Lebensraum für Tiere und Pflanzen zu achten.

Aussichtspunkt bei Hübschenried.

Dampferfahrt von Riederau nach Schondorf.

Kreisheimatstuben, Riederau, Di.–Do. 10–12 und 14–16 Uhr, Sa./So. 14–16 Uhr, feiert. geschl., Tel. 08807/1505.

Pilgerkirche St. Jakob in Schondorf.

der Weg oft noch wegen Schneeresten weniger gut begehbar. Rechts vom Hauptweg erstreckt sich das **Naturschutzgebiet Dettenhofer Filz/Hälsle**. Hier können Sie noch seltene Pflanzen, Libellen- und Schmetterlingsarten sowie Wasservögel antreffen. Bleiben Sie deshalb auf dem markierten Weg.

Bei **Hübschenried** angelangt, machen Sie einen kleinen Abstecher zu einem rechts liegenden **Aussichtspunkt**. Der kleine Abstecher belohnt Sie mit einem Blick über die Landschaft zwischen Ammersee und Lech.
300 m südlich von Hübschenried biegen Sie scharf links ab und verlassen damit den Ammersee-Höhenweg. Dieser recht schattenreiche Weg bringt Sie direkt nach Riederau.

Im Gebiet des Melchgrabens stoßen Sie beim Wanderparkplatz auf den Ortsrand der Villensiedlung von Riederau. Nun bleibt nur noch ein knapper Kilometer zum Bahnhof und zum **Dampfersteg** von **Riederau**. Von hier aus geht es bequem mit Bahn oder Schiff zurück nach Schondorf.
In Riederau sollten Sie sich jedoch noch Zeit nehmen und die **Kreisheimatstuben** besuchen, die im ehemaligen Stohrer-Hof untergebracht sind. Darin können Sie vor allem bäuerliches Gerät und Volkskunst dieser Gegend ausgestellt sehen.
Wenn Sie den Dampfer wählen, dann sollten Sie sich nahe der Anlegestelle in Schondorf die **Pilgerkirche St. Jakob** nicht entgehen lassen. Sie ist das älteste Gotteshaus am Ammersee. Der mächtige Tuffsteinbau dieser Wehrkirche mit schießschartenähnlichen Fenstern geht zurück auf das 12. Jh. Die hohe Stützmauer hielt man früher für die Grundfeste eines Römerkastells, was jedoch nicht zutrifft, auch wenn hier zwei wichtige Römerstraßen nachweisbar sind.

Gestüt Achselschwang

In Unterschondorf war ab 1875 der Maler Wilhelm Leibl (1844-1900) ansässig. Eines seiner bekanntesten Bilder »Die Dorfpolitiker« entstand hier. Und für manche Zeichner des »Simplizissimus« war das Ammersee-Westufer ihr vielgeliebtes künstlerisches Refugium. Anekdoten gibt es viele rund um das Künstlervölkchen, das sich gern fernab von München tummelte. Von Wilhelm Leibl wird erzählt, daß er mit bloßer Hand einen Eichentisch spalten konnte. Als einer der ersten Segler wagte er sich weit auf den Ammersee hinaus und durchschwamm ihn sogar.

Wenn Sie jetzt Lust zum Schwimmen haben, lädt Sie die **Schondorfer Badeanstalt** noch ganz im Stil der Jahrhundertwende zu einem Bad ein.

Hungrige Wanderer dagegen kehren im **Ammerseehof** in **Schondorf** ein und lassen dort den Wandertag ausklingen.

≈ Schondorfer Badeanstalt im Stil der Jahrhundertwende.

Ammerseehof, Schondorf, tgl. von 11–14.30 und 17.30–22 Uhr, Tel. 08192/1400.

Sehenswürdigkeiten

1. Kaiserhaus-Fresko
2. Kirche St. Johann
3. Kirche St. Martin

Attraktionen

1. Bademöglichkeit
2. Campingplatz
3. Erholungs- und Badegelände
4. Burgstall

Brotzeitoasen

1. Wörthsee-Alm
2. Gasthof Mutz
3. Seehaus Schreyegg

RUND UM DEN WÖRTHSEE: VON STEINEBACH BIS STEGEN

Verkehrsanbindung: mit der S-Bahn von München (Linie 5) nach Steinebach; mit dem Auto auf der BAB 96 München–Lindau, Abfahrt B 12 über Inning oder Oberpfaffenhofen nach Steinebach, Parkmöglichkeiten im Ort.

Weglänge: etwa 14 km, Gehzeit etwa 4 1/2 Std., Höhenunterschied etwa 100 m.

Schwierigkeitsgrad: leicht, für Kinder ab 6 Jahren geeignet.

Sehenswürdigkeiten: Fresko am »Kaiserhaus« in Inning, Pfarrkirche St. Johann in Inning, Kirche St. Martin in Steinebach.

Attraktionen: Bademöglichkeiten, Campingplatz, Erholungsgebiet, Burgstall.

Brotzeitoasen: Wörthsee-Alm, Gasthof Mutz in Bachern, Seehaus Schreyegg in Stegen, Eiscafé Venezia in Steinebach.

»Paradieswinkel« am Wörthsee

Bademöglichkeiten am Wörthsee und Ammersee.

Ausgangspunkt dieser Wanderung ist der **S-Bahnhof Steinebach.** Von hier aus nehmen Sie den Fußweg direkt zum See und folgen dem gut markierten Wanderweg Nummer 4 auf gelbem Pfeil nach Süden. Nach 1 1/2 km kommen Sie zum **Campingplatz »Paradieswinkel«**. Von hier aus ist es nur noch ein kleines Stück bis zum Südende des Sees, wo links oben am Hügel die **Wörthsee-Alm** liegt. Der Weg, etwa 400 m, dorthin ist ausgeschildert, so daß Sie ihn nicht verfehlen können. Hier erwarten Sie gute Schmankerl. Berühmt sind vor allem die Schnitzel der Wörthsee-Alm.

Campingplatz »Paradieswinkel« am Ostufer des Wörthsees.

Wörthsee-Alm, Steinebach, tgl. von 16–24 Uhr, Sa./So. 12–24 Uhr, Mi. geschl., Tel. 08153/7866.

Nach einer kleineren Rast oder auch Einkehr setzen Sie Ihre Wanderung fort. Zunächst

Blick auf Steinebach am Wörthsee

Erholungs- und Badegelände »Oberndorf« am Westufer des Wörthsees.

müssen Sie ein Stück auf der Straße zurücklegen. Dann wenden Sie sich in nordwestliche Richtung und wandern durch das **Erholungsgebiet Oberndorf**. Entlang am See bieten sich zahlreiche und schöne **Bademöglichkeiten** an. Gerade an einem schönen Frühsommertag ist ein erfrischendes Bad im wohltemperierten Wörthsee empfehlenswert.

Daß Sie nach einer Rast mit Brotzeit keine leeren Dosen, Flaschen, Papiertüten zurücklassen, versteht sich von allein. Helfen Sie mit, dieses Erholungsgebiet zu erhalten.

Ihren weiteren Weg setzen Sie fort, indem Sie das Erholungsgelände durchwandern, bis Sie auf einen Bachlauf stoßen. Diesen müssen Sie allerdings über Trittsteine balancierend überqueren.
Auf der linken Seite sehen Sie nun den **Kühberg**, rechts im See die **Insel Wörth**. Diese kleine Insel ist als **Naturschutzgebiet** ausgewiesen; sie bietet vielen Vögeln und Pflanzen einen geschützten Lebensraum.

»Kaiserhaus« mit Fresko in Inning

Wenn Sie auf Ihrem Weg weiter wandern, kommen Sie nach ungefähr 300 m zum Ort **Bachern**. Im Zentrum gibt es den **Gasthof Mutz**, der einen sehr schmackhaften Schweinsbraten anbietet.

Gasthof Mutz, Bachern, tgl. von 9–23 Uhr, ab Sept. Mi. geschl., Tel. 08143/8031.

Gut gestärkt wandern Sie auf dem markierten **Rundwanderweg** über die Ostermühle weiter nach Inning. In der **Kirche St. Johann** können Sie eindrucksvolle Fresken des Münchener Malers Christian Wink (1738–1797) bewundern. Sehenswert sind auch die geschnitzten Säulen der Doppelempore und die Kanzel.

St. Johann, Inning, mit sehenswerten Fresken und Säulen.

Einst führte hier bei Inning die mittelalterliche Salzstraße von Reichenhall nach Lindau vorbei und brachte der Gegend Wohlstand und Reichtum. An der **ehemaligen Salzfaktorei**, heute **»Kaiserhaus«** genannt, befindet

»Kaiserhaus«, Inning, mit Fresko »Kaiserzug Heinrichs II. nach Rom«.

Vor dem Broslhof in Inning

Biergarten in Stegen

Seehaus Schreyegg mit Biergarten, Stegen, tgl. von 11.30–22 Uhr Tel. 08143/8086.

sich an der Fassade sich ein prächtiges **Fresko** vom **Kaiserzug Heinrichs II. nach Rom**.
Wer jetzt noch Lust hat, kann einen Abstecher zum Ammersee machen. Folgen Sie hierzu ab der Kirche dem ausgeschilderten Fußweg, der Sie direkt nach **Stegen** führt.

Nach einer Rast im dortigen **Gasthof** und **Biergarten Schreyegg**, das typisch bayerische Biergarten-Brotzeit anbietet, oder nach einem erfrischenden Bad im See, geht es zurück nach Inning.

Folgen Sie nunmehr in der Ortsmitte von Stegen dem Wegweiser »Waldgelände« in östlicher Richtung. Im Osterholz überqueren Sie den Krebsbach und wandern weiter durch Wiesenschneisen und an malerischen Birkengruppen vorbei.

»Paradieswinkel« am Wörthsee

Blick von Walchstadt auf den Wörthsee

Am Ortsrand von **Walchstadt** geht es auf einem kleinen Sträßchen südwärts zum **Badeplatz** am westlichen Ufer des Wörthsees.

Wer an einem warmen Sommertag auf seinem Wanderweg bisher noch keine Erfrischung im See genossen hat, sollte hier die Möglichkeit wahrnehmen.

Kirche St. Martin, Steinebach, mit gut erhaltener Einrichtung aus dem 18. Jh.

Von hier aus gehen Sie die mittlere Seestraße nicht zurück, sondern folgen dem Sträßchen in östlicher Richtung zur Ortsmitte von **Steinebach**. Ehe Sie auf die Autostraße stoßen, nehmen Sie rechts den Seeuferweg, der bald am Hotel Wörthseeblick vorbei führt. Kurz darauf erreichen Sie das Strandbad Raabe. Noch etwa 10 Minuten und Sie gelangen zur alten **Pfarrkirche St. Martin** von Steinebach. Diese Kirche sollten sich kunstinteressierte Wanderer nicht entgehen las-

St. Johann in Inning

sen. Für den archäologisch interessierten Wanderer und Hobby-Fotografen sei noch zum Schluß der Wanderung der **mittelalterliche Burgstall** in der Nähe des Gasthauses Raabe erwähnt.

Mittelalterlicher Burgstall mit Ringmauer.

Sehenswürdigkeiten

1. Kapelle St. Sebastian
2. Kirche St. Peter und Paul
3. Wallfahrtskirche St. Rasso
4. Kirche St. Johann

Brotzeitoasen

1. Gasthof Eberhardt
2. Gasthof Roming
3. Gasthof zum Klosterwirt

Attraktionen

1. Bademöglichkeit
2. Kinderspielplatz
3. Peutenmühle
4. Unteres Moos
5. Ausgrabungsfeld
6. Raddampfer-Fahrt

Aussichtspunkte

1. Rundblick

RUND UM DAS AMPERMOOS

Verkehrsanbindung: mit der S-Bahn (Linie 5) nach Herrsching und weiter mit dem Schiff nach Stegen; die Rundtour können Sie auch in Grafrath (S-Bahn-Linie 4) starten (beachten Sie hier am S-Bahnhof den Hinweis: zur Wallfahrtskirche); mit dem Auto auf der BAB 96 München–Lindau bis Stegen.

Weglänge: etwa 18 km, Gehzeit etwa 5 1/2 Std., kein Höhenunterschied.

Schwierigkeitsgrad: leicht, jedoch Ausdauer erforderlich, für Kinder ab 10 Jahren geeignet.

Sehenswürdigkeiten: Kapelle St. Sebastian in Eching, Kirche St. Peter und Paul in Eching, Wallfahrtskirche St. Rasso in Grafrath, St. Johann in Inning.

Attraktionen: Bademöglichkeit, Kinderspielplatz, Unteres Moos, Raddampfer-Fahrt, Ausgrabungsfeld.

Brotzeitoasen: Gasthof Eberhardt in Eching, Gasthof Roming in Eching, Gasthof zum Klosterwirt in Grafrath.

Oberes Moos

St. Sebastian in Eching

Mohnwiese

Der **Ausgangspunkt** für die Wanderung ist der **zentrale Parkplatz** von **Stegen** am Ammersee. Von hier aus haben Sie einen schönen Ausblick auf den See und bei klarer Sicht auf die Alpen. Überqueren Sie nun nach 200 m die Amper an der B 12. Rechts breitet sich das **Naturschutzgebiet Oberes Moos** vor Ihren Augen aus.

Am Ortsrand von **Eching** lockt bereits die erste Einkehrmöglichkeit, der **Gasthof Eberhardt**, der mit köstlichen Schweinsbraten und Knödeln aufwartet.

Vom Ortsanfang Eching halten Sie sich in Richtung Ortsmitte und wandern an den reiz-

Gasthof Eberhardt, Eching, tgl. von 11.30–14 und 17.30–21 Uhr, Di. geschl., Tel. 08143/1337.

Reizvoller Kinderspielplatz in Eching

Kapelle St. Sebastian in Eching.

Attraktiver Kinderspielplatz am Anger in Eching.

Kirche St. Peter und Paul, Eching.

Gasthof Roming, Eching, tgl. von 11.30–14 und 17.30–21 Uhr, Do./Fr. geschl., Tel. 08143/1449.

vollen Uferauen der Windach entlang. Von der Stegener Straße biegen Sie in die Greifenberger Straße, wo Sie rechts die kleine **Kapelle St. Sebastian** finden, die verträumt auf einem weiten Anger beim Ortskern liegt. Gleich danaben befindet sich ein großzügig angelegter **Kinderspielplatz**.

Weiter führt der Weg am modernen **Rathaus** vorbei und zur **Pfarrkirche St. Peter und Paul**, die 1766 nach einem Dorfbrand vom Münchener Hofbaumeister Leonhard Matthäus Gießl mit schöner Rokokoausstattung neu erbaut wurde. Unweit der Kirche lädt der **Gasthof Roming** zu einer Brotzeit ein.

Für Ihren weiteren Rundwanderweg folgen Sie der Zankenhauser Straße nach Norden und überqueren den Garnbach, der in die Amper mündet.

Vor der **Peutenmühle** halten Sie sich erst rechts und dann nördlich Richtung **Kottgei-**

sering. Sie durchqueren den kleinen Ort und marschieren am Unteren Moos entlang nach **Grafrath**.

St. Peter und Paul, Eching

Auf der anderen Amperseite können Sie dann schon die **Wallfahrtskirche St. Rasso** erkennen, die unmittelbar an die Amperauen anschließt. Charakteristisch für diese Kirche sind der kleine Turm als Dachreiter und der brückenartige Verbindungsgang zum Kloster. Die Riesenfigur (2,50 m) des Grafen Rasso befindet sich an der Außenseite der Kirche. 1694 wurde der jetzige Bau vollendet und ab 1752 im Rokokostil prächtig ausgestattet.

Zu einer berühmten Wallfahrtskirche gehört natürlich auch ein stattlicher Gasthof. Der **Gasthof zum Klosterwirt** liegt in Sichtweite und besitzt eine eigene Metzgerei. Dementsprechend gut sind die bayerischen Schmankerl.

Gasthof zum Klosterwirt, Grafrath, tgl. von 9–24 Uhr, Tel. 08144/1314.

Nach der Rast führt Ihr Weg weiter nach Unteralting. Der archäologisch interessierte Wanderer kann von hier aus noch einen kleinen Abstecher Richtung **Mauern** unternehmen, wo sich ein **Ausgrabungsfeld** mit keltischen Funden befindet.

Ausgrabungsfeld in der Nähe der Ortschaft Mauern.

Ansonsten führt der Weg von **Unteralting** weiter nach Süden durch den **Mauerner Wald** und am Martinsberg entlang Richtung Inning. Unterqueren Sie bei der Unterführung die Schnellstraße B 12 und gehen Sie am Forsthaus vorbei. Kurz darauf sehen Sie bereits die **Kirche St. Johann** von **Inning**. Vom Ortszentrum Inning aus nehmen Sie den Weg zurück nach Stegen.

Kirche St. Johann, Inning.

Am öffentlichen **Badeplatz** in **Stegen** können Sie sich am Ende der Wanderung an warmen Sommertagen noch im kühlen Wasser des Ammersees erfrischen.

Badeplatz in Stegen.

Sehenswürdigkeiten

1. Kapelle zu »Unserer lieben Frau«
2. Kapelle St. Georg
3. Kreisheimatstuben

Attraktionen

1. Dampfersteg
2. Landschaftsschutzgebiet
3. Naturschutzgebiet
4. Bauernhöfe
5. Bademöglichkeit

Aussichtspunkte

1. Blick auf den Ammersee

Brotzeitoasen

1. Gasthof Sonnenhof

RIEDERAU-RUNDWEG: VOM STEINIGEN GRABEN ZUM SEEHOLZ

Verkehrsanbindung: mit der S-Bahn von München (Linie 5) nach Herrsching und mit dem Schiff nach Riederau; mit dem Zug von Augsburg und Weilheim nach Riederau; mit dem Auto auf der B 12 bei Greifenberg in Richtung Schondorf abbiegen und über Utting nach Riederau, Parkmöglichkeiten im Ort.

Weglänge: etwa 13 km, Gehzeit etwa 4 Std., Höhenunterschied etwa 200 m.

Schwierigkeitsgrad: leicht, für Kinder ab 6 Jahren geeignet.

Sehenswürdigkeiten: Kapelle »Unserer lieben Frau« in Bierdorf, Kapelle St. Georg in Rieden, Kreisheimatstuben in Riederau.

Attraktionen: Dampfersteg, Landschafts- und Naturschutzgebiet, Bauernhöfe, Bademöglichkeit.

Brotzeitoasen: Gasthof Sonnenhof in Holzhausen.

Bei Bierdorf

Holzhausen

Ausgangspunkt für die Wanderung ist der **Dampfersteg** in **Riederau**. Von hier führt der Weg zunächst am Bahngleis und direkt am See entlang, vorbei am Seehaus nach Süden. Nach etwa 1 km verlassen Sie das Seeufer und biegen rechts nach **Bierdorf** ab. In diesem Ort können Sie die Kapelle **»Unserer lieben Frau«** besichtigen.

Maibaum

Von Bierdorf aus stoßen Sie auf den beschilderten **Ammersee-Höhenweg**, der in westlicher Richtung über ein sehr schönes Wiesengelände zum großen Waldgebiet Unterforst führt. Nach etwa 2 km auf einem Forst-

Naturschutzgebiet Seeholz

Wasserralle

Uferzone zwischen Riederau und Seeholz

weg gehen Sie scharf rechts zu dem kleinen, einsamen Ort **Engenried** und weiter über Unterforst in Richtung **Hübschenried**. Schon etwa 200 m nach Engenried biegen Sie bei dem Hinweisschild »Riederau« rechts ab.

Diesen Forstweg gehen Sie etwa 800 m entlang. Dann folgen Sie links dem Hinweis »Steiniger Graben«. Der Weg verläuft weiter durch schönes Laubwaldgelände. Dieser Wanderweg ist besonders im Herbst reizvoll, wenn sich die Blätter der Bäume färben.

Steigen Sie vorerst nicht zum Bach hinunter, sondern gehen Sie den Weg oben am rechten Rand des Grabens entlang. Erst vor dem Ortsgebiet von **Riederau** wandern Sie links hinunter zum Bach des Steinigen Grabens und überqueren eine Holzbrücke. Nach ungefähr 300 m biegen Sie rechts ab und wan-

Altar in der Kapelle St. Georg in Rieden

dern durch einen Hochwald auf das **Seeholz** zu. Der Weg mündet direkt in eine Autostraße, der Sie bis **Rieden** folgen. Auf diesem Weg kommen Sie zu der etwas versteckt gelegenen spätgotischen **Kapelle St. Georg**, der Sie etwas Zeit widmen sollten.

Besonders erwähnenswert ist der **Blick** an dieser Stelle über das **Naturschutzgebiet Seeholz** bis hin zum Ammersee. Hier empfiehlt es sich, eine kleine Rast einzulegen und diesen geschützten Lebensraum für Pflanzen und Tiere auf sich wirken zu lassen und die Ruhe zu genießen. Außerdem befinden Sie sich hier auch noch auf kulturgeschichtlich altem Gelände. Die Landstraße nach Utting folgt nämlich dem Verlauf einer Römerstraße. Auf dem Gelände von Rieden wurden zahlreiche frühmittelalterliche Reihengräber freigelegt.

Naturschutzgebiet Seeholz.

Daß man Blumen nicht pflückt und Tiere nicht stört, wissen die meisten Wanderfreunde. Halten Sie sich auch daran?

Bauerngarten in Holzhausen

Sehenswert sind auch drei **Bauernhöfe** in **Rieden**, die seit über 250 Jahren bestehen und sich immer noch in der Hand der gleichen Familien befinden. Gerade für Stadtkinder ist diese ländlich-bäuerliche Szenerie sehr attraktiv und reizvoll.

Gasthof Sonnenhof, Holzhausen, tgl. von 11.30–23 Uhr, Di. geschl., Tel. 08806/2031.

Am Ortsrand nehmen Sie das Sträßchen nach **Holzhausen**, einer im Mittelalter gegründeten bäuerlichen Siedlung. Dort empfiehlt sich zur Einkehr der **Gasthof Sonnenhof,** der gutbürgerliche Küche und deftige Brotzeiten bereithält. Am Freitag gibt es hervorragende Dampfnudeln, am Wochenende schmackhafte Hax'n.

Dampferanlegestelle, Riederau.

Zum See und zur **Dampferanlegestelle** von **Riederau** sind es von Holzhausen dann kaum mehr als 25 Gehminuten. Der Weg von Holzhausen zurück nach Riederau führt am

Westufer des Ammersees entlang, rechts von Ihnen breitet sich erneut das **Naturschutzgebiet Seeholz** aus.

Respektieren Sie diesen ökologisch geschützten Naturraum für Pflanzen und Tiere und verlassen Sie die Wege nicht.

Ab der Tafel **Naturschutzgebiet** dürfen Sie den **Weg nicht mehr verlassen.** Bitte lassen Sie auch die Blumen und Pflanzen stehen, die Natur dankt es Ihnen.

Enzian

Sie wandern weiter durch idyllisches Gelände. Kleine Bachläufe kreuzen den Weg, umgestürzte Bäume vermitteln den Eindruck unberührter Natur. Schöne Schilfzonen, Streu- und Naßwiesen mit dem geschützten stengellosen Enzian wechseln sich ab. Nach einem letzten herrlichen Blick über das Schilfgelände zum See erreichen Sie den Ortsrand von **Riederau**.
Wenn Sie jetzt unter der Bahngleisunterführung hindurchgehen, dann stoßen Sie wieder auf den Steinernen Graben. Sie folgen der gleichnamigen Straße, in der sich eines der wenigen mit Sonnenenergie versorgten Häuser befindet. Links geht es dann an der evangelischen Kirche vorbei zum Ortskern. Auf dem Weg dorthin kommen Sie an einem Anwesen mit einer kleinen Kapelle und Hausmadonna vorbei.

Streuwiese

Wer noch Zeit und Lust hat, der kann durch die vielen Wege und Seitenstraßen, die mit Villen und Häusern der verschiedensten Stile bebaut sind, schlendern oder die **Kreisheimatstuben** in **Riederau** besuchen. Dieses Museum befindet sich westlich des kleinen Rathauses in dem ehemaligen Stohrer-Hof. Es zeigt vor allem bäuerliches Gerät, Hausrat und Volkskunst vom Ammersee.

Kreisheimatstuben, Riederau, Di.–Do. 10–12 und 14–16Uhr, Sa./So. 14–16 Uhr, feiert. geschl., Tel. 08807/1048.

Für diejenigen, die jetzt lieber noch eine kühle Erfrischung im See bevorzugen, steht das **Freibad** in Riederau zur Verfügung.

≈ Freibad in Riederau.

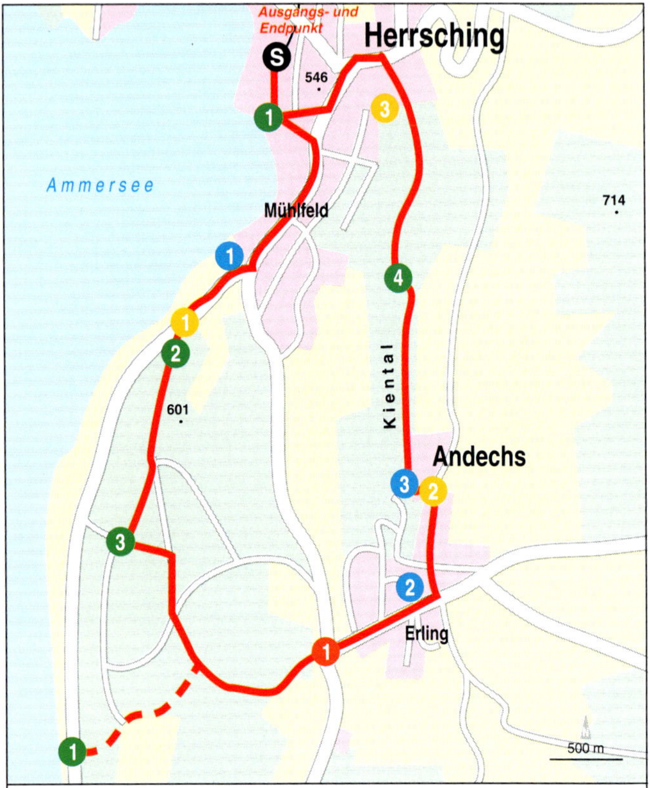

Sehenswürdigkeiten

1. Schloß Mühlfeld
2. Kirche St. Veit
3. Kloster Andechs

Attraktionen

1. Bademöglichkeit
2. Kleine Brauerei
3. Ramsee-Denkmal
4. Kiental-Hochufer

Aussichtspunkte

1. Erlinger Höhe

Brotzeitoasen

1. Mühlfeld-Bräu
2. Klosterbräustüberl
3. Piushof

LEICHTE WANDERUNG ÜBER ERLING UND ANDECHS

Verkehrsanbindung: mit der S-Bahn (Linie 5) von München nach Herrsching; mit dem Auto auf der BAB 96 München–Lindau über Ausfahrt Oberpfaffenhofen in Richtung Weßling, weiter zum Ammersee, Parkmöglichkeiten im Ortsbereich.

Weglänge: etwa 8 1/2 km, Gehzeit etwa 3 Std., Höhenunterschied etwa 300 m.

Schwierigkeitsgrad: leicht, hügeliges Gelände, für Kinder ab 8 Jahren geeignet.

Sehenswürdigkeiten: Schloß Mühlfeld, Kirche St. Veit in Erling, Kloster Andechs.

Attraktionen: Bademöglichkeit, kleine Brauerei bei Mühlfeld, Ramsee-Denkmal, Kiental-Hochufer.

Brotzeitoasen: Landgasthaus Mühlfeld-Bräu, Klosterbräustüberl Andechs, Piushof in Herrsching.

Durch Herrsching verläuft der 48. Breitengrad. Wer Lust hat, kann über den Stein im Ort springen.

Kurpark-Schlößl in Herrsching.

Ausgangspunkt der Wanderung ist **Herrsching**. Von der S-Bahn und den Parkmöglichkeiten in S-Bahn-Nähe ist es nur ein kleines Stück zur **Uferpromenade**. Von hier aus führt die Wanderung südlich am Ufer entlang. Nach etwa 15 Minuten umgehen Sie in östlicher Richtung das **Schloß Mühlfeld**. Im Anschluß daran stoßen Sie direkt auf die Straße nach Wartaweil.
Der Überlieferung nach befand sich einst in Wartaweil die Pilger-Landungsstelle von Andechs. Hier mußte man eine »Weile warten«, bis der Fährmann anlegte, daher der Ortsname Wartaweil.

Schloß Mühlfeld mit wechselnden Ausstellungen.

Wenn Sie auf Ihrer Route weiter wandern, sehen Sie nach etwa 150 m links das Mühlfeld-

Mühlfeld-Bräu mit Biergarten, tgl. von 10–24 Uhr, Tel. 08152/5578.

Biergarten Mühlfeld-Bräu

Mühlfeld-Bräu, kleine Hausbrauerei zu besichtigen.

bräu: Hier können Sie nicht nur im kleinen Biergarten einkehren, sondern auch die kleine Hausbrauerei besuchen. Für Kinder gibt es dort ein nettes Gehege mit heimischen Tieren.

Ramsee-Denkmal.

Nach einer kleinen Rast setzen Sie Ihre Wanderung fort und folgen zunächst der Straße nach Fischen. Der Weg zweigt nach etwa 200 m links ab und führt rasch ansteigend in das Waldgebiet von Höhenberg. An der folgenden Gabelung nehmen Sie nicht links den Hofweg, sondern wandern geradeaus weiter zum **Ramsee-Denkmal**. Es erinnert an das 1849 bei einer verheerenden Brandkatastrophe eingeäscherte Dorf Ramsee. Bis auf zwei Höfe blieb nichts von dem kleinen Ort übrig. 1860 kaufte das Königreich Bayern das ganze Gelände und forstete es auf. So wandern Sie heute durch ein ausgedehntes

St. Veit in Erling

Waldgelände. Etwas südlich am See liegt ein schönes **Bade- und Erholungsgelände**, das sich bis nach **Aidenried** erstreckt.

≈ Bade- und Erholungsgelände zwischen Wartaweil und Aidenried.

Vom Denkmal aus gehen Sie entlang der Schwellbrückenstraße und überqueren den Mühlbach. Beschreiten Sie den Weg hangaufwärts, so daß Sie auf die Verbindungsstraße von Herrsching nach Erling stoßen. Dieser folgen Sie bis zum **Aussichtspunkt Erlinger Höhe**. Wandern Sie nun nach Erling. Dort sollten Sie sich die **Dorfkirche St. Veit** mit ihrem Hochaltar ansehen.

Aussichtspunkt Erlinger Höhe.

Kirche St. Veit in Erling.

Von Erling aus sieht man schon den nahen **Andechser Klosterberg**, von dem Sie nur noch ein kleiner Anstieg trennt. Oben lädt die **Klosterkirche** und die **Schatzkammer** zur Besichtigung ein. Auf der Sommerterrasse des **Bräustüberls** können Sie sich von Ihrer Wanderung ausruhen und das dunkle Klosterbier mit Brezen und Radi genießen.

Kloster Andechs.

Klosterbräustüberl, Andechs, tgl. von 10–21 Uhr, Tel. 08152/3760.

Der Rückweg nach Herrsching führt Sie diesmal über einen **Höhenweg** entlang dem **Kiental-Hochufer**. Vom Kloster kommend, gehen Sie an der Mauer und an einem Turm vorbei durch den sogenannten »Thiergarten« zu einem schmalen Höhenweg, der rechts entlang dem Kiental-Hochufer verläuft.
Nach etwa 10 Minuten erreichen Sie den Ochsengraben. Der Weg führt nun hinab zum breiten, schattigen Wanderweg durch das Kiental.

Kiental-Hochufer.

Vorsicht: Benutzen Sie beim Kiental-Höhenweg keine Abkürzungen oder Direktabstiege, da sehr rasch eine Absturzgefahr besteht.

Am Ende dieser Wanderung kommen Sie bei der Martinskirche heraus. Von hier aus gehen Sie entweder direkt zum See zurück oder Sie halten sich nach rechts, um einen kleinen Abstecher zum **Piushof** zu machen, der bayerische Schmankerl bereithält. Auch ein Abstecher in den Herrschinger Kurpark lohnt sich.

Piushof, Herrsching, tgl. von 9–24 Uhr, Sonntagabend/Mo. geschl., Tel. 08152/1007.

Sehenswürdigkeiten

1 Klosteranlage
2 Kirche St. Georgen
3 Burgkapelle
4 Rathaus
5 Johanneskirche

Aussichtspunkte

1 Seeblick

Attraktionen

1 Dampfersteg
2 Marktplatz
3 Mechtildisbrunnen
4 Schatzberg

Brotzeitoasen

1 Strandhotel
2 Unterbräu

WANDERUNG ZUM DIESSENER SCHATZBERG

Verkehrsanbindung: mit dem Zug (Augsburg–Weilheim) zum Bahnhof Dießen; mit dem Auto über die Ammersee-Westuferstraße nach Dießen; Parkmöglichkeiten bieten sich westlich vom Bahnhof; mit der S-Bahn von München (Linie 5) nach Herrsching und von dort mit dem Schiff nach Dießen.

Weglänge: etwa 6 km, Gehzeit etwa 2 Std., Höhenunterschied etwa 200 m.

Schwierigkeitsgrad: leichte Familienwanderung, für Kinder ab 6 Jahren geeignet.

Sehenswürdigkeiten: Kloster mit Stiftskirche St. Mariä, in Dießen, St. Georgen, Burgkapelle, Rathaus, Johanneskirche.

Attraktionen: Zinngießereien in Dießen, Marktplatz, Mechtildisbrunnen, Schatzberg.

Brotzeitoasen: Strandhotel und Gasthof zur Neuen Post in Dießen, Marktplatz, Mechtildisbrunnen, Schatzberg.

Reit- und Fahrverein Ammersee e.V., Dießen, Auskunft Tel. 08807/7983.

Ausstellung der Arbeitsgemeinschaft Dießener Kunst, Pavillon am See, Dießen, von Mai–Okt. Mo. 14–17 Uhr, Di.–Fr. 10–12.30 und 14–17.30 Uhr, Sa./So. 11–17.30 Uhr, Nov.–April nur an Wochenenden geöffnet, Tel. 08807/8400.

Der Rundwanderweg beginnt am **Dießener Dampfersteg** mit herrlichem **Blick** über den See nach Andechs. Von hier aus gehen Sie die Fußgängerunterführung unter der Eisenbahnlinie hindurch.

Der Weg steigt nun leicht an und mündet in einen sehr reizvollen **Marktplatz**. Die bergan führende Herrenstraße ist gesäumt von behäbigen **Häusern** mit sehenswerten **Wandmalereien**. In der Herrenstraße Nummer 17 finden Sie das Haus einer alten **Zinngießerei**. Bereits seit 1705 besteht das Dießener Zinngießerhandwerk.

Aber auch das Töpferhandwerk blickt in Dießen schon auf eine lange Tradition zurück. Alljährlich findet dort der mittlerweile weit über

Schiffsglocke

Haus der Zinngießerei

Marienstatue in der Kirche St. Mariä Himmelfahrt

Töpfermarkt

Pfarrkirche St. Mariä Himmelfahrt, Dießen.

die Region hinaus bekannte Töpfermarkt statt. Die etwas jüngere Tradition der in und um Dießen verbreiteten Keramiker geht auf Josef Schormeyer zurück.

Durch den Torturm links an der Herrenstraße hindurch stoßen Sie nach etwa 200 m auf das **Kloster von Dießen**. Ursprünglich schon gegen Ende des 9. Jh. hatte das bedeutende Grafengeschlecht von Dießen-Andechs seine Stammburg oberhalb von Dießen; sie wurde jedoch später nach Andechs verlegt. Der Legende nach geht die erste **Klostergründung** im Jahr 815 auf den Grafen Radhardus zurück. Der prächtige Bau wurde zusammen mit der **Stifts-** und heutigen **Pfarrkirche St. Mariä Himmelfahrt**, 1739 geweiht, vervollständigt. Erst in den vergangenen Jahren ist der barocke Turm neben der 35 Meter hohen und beeindruckenden Fassade im alten Stil neu erbaut worden.

Bürgerhaus in Dießen

Was die Fassade und der prächtige Turm außen versprechen, hält der Innenraum. Der bekannte amerikanische Dirigent Leonard Bernstein, der hier wunderbare Mozart-Aufführungen gestaltete, nannte ihn ein »barockes Konzert der Formen und Farben«.

Aber auch die **Winterkirche St. Stephan** nebenan mit ihren gedrungenen Säulen und wuchtigen Gewölbebögen ist sehenswert. Darüber befindet sich ein reizvolles kleines **Museum** mit Heiligenbildern und Krippen. Nach der Besichtigung verlassen Sie Dießen und wandern von der Stiftskirche rechts an einer Orientierungstafel vorbei zur Kriegergedächtniskapelle. An ihr führt links ein Sträßchen mit hübschen **Bauernhäusern** weiter, das sich dann scharf nach rechts wendet. Sie folgen nun der St.-Georgs-Straße und erreichen **St. Georgen** mit seiner

Winterkirche St. Stephan, Dießen. Im 1. Stock befindet sich ein Museum. Es zeigt vor allem Krippen und Volkskunst, z.B. auch Bilder des naiven Malers Max Raffler. Nur in der Weihnachtszeit Sa./So. von 14–17 Uhr geöffnet, Auskunft Tel. 08807/315.

Pfarrkirche St. Georgen in Dießen

Pfarrkirche St. Georgen, Dießen, ein gotischer Bau mit heiterer Rokokoausstattung.

ehemaligen **Wehrkirche**. Der alte gotische Bau wurde im 18. Jh. mit heiterer Rokokoausstattung erweitert. Den zarten Stuck im Innern schufen die Stukkateure Franz X. und Johann Michael Feichtmayr.

Die Burgbergstraße bringt Sie weiter zum Leonhardihof. Hier gehen Sie links weiter, bis Sie nach etwa 150 m auf ein Marterl treffen, wo Sie links dem markierten **Waldlehrpfad** zum Schatzberg folgen.

Waldlehrpfad zum Schatzberg.

Am Anfang des Geländes steht die **Burgkapelle**. Hier starb 1160 die selige Äbtissin Mechtildis. Ihr zu Ehren wurde 1885 etwas bergabwärts eine Kapelle mit dem **Mechtildisbrunnen**, dessen Wasser angeblich Augenleiden heilt, errichtet.

Mechtildisbrunnen mit Kapelle.

Der **Schatzberg**, auf dem Sie an manchen Stellen noch die Tuffsteinbrocken der Stammburg erkennen können, erhebt sich bis auf